GOOD WIVES AND WARRIORS

EXOTISCHER URWALD

EXOTISCHER URWALD

GOOD WIVES AND WARRIORS

IM ECHTEN MANNE IST EIN KIND VERSTECKT: DAS WILL SPIELEN.

Friedrich Nietzsche

Wenn wir mit unseren Freunden und Familien über unsere Arbeit als Illustratorinnen sprechen, denken sie, unser Leben bestünde aus Spaß und Spielerei, weil wir mit unserer großen Leidenschaft, dem Zeichnen, unseren Lebensunterhalt verdienen. Wir halten dann gerne dagegen, dass wir Deadlines einhalten müssen, lange arbeitsreiche Nächte haben und den Wünschen der Kunden gerecht werden müssen, um zu beweisen, dass wir uns nicht nur amüsieren, sondern sehr hart arbeiten. Aber während wir dieses Vorwort schreiben und uns in unserem Studio umsehen, in dem die Bücherregale vollgestopft sind mit Druckfarben und Buntstiften in jeder Farbnuance des Regenbogens und an den Wänden Zeichnungen von Bären, Eulen und Eidechsen hängen, erkennen wir, dass wir tatsächlich »spielen« und unser Leben aus jeder Menge Spaß besteht. Wir können uns also sehr glücklich schätzen!

Wir hoffen, mit diesem Buch ein wenig von unserem Lebensgefühl mit Ihnen teilen zu können. Denn wenn man sich kleine Auszeiten vom oft hektischen Alltag nimmt und sich ein paar ruhige Stunden der Zerstreuung und Achtsamkeit erlaubt, können durch das Ausmalen Kindheitserinnerungen wieder zum Leben erweckt werden. In unserer Gesellschaft stehen wir unter ständigem Leistungsdruck, checken unentwegt unsere E-Mails und haben das Gefühl, jede Minute unseres Lebens produktiv nutzen zu müssen. Dieses Buch ist, wie wir hoffen, eine Gelegenheit, sich als Ausgleich einer entspannenden Aktivität zu widmen, bei der man voll und ganz abschalten kann.

Eine große Inspiration für unsere Arbeit sind die großen und kleinen Wunder der Natur. Wir haben viel Zeit damit verbracht, die Natur zu studieren, und kommen immer wieder zu dem Schluss, dass nichts, was der menschlichen Vorstellungskraft entspringt, so fantastisch und wunderschön ist wie die Pflanzen und Lebewesen unseres Planeten. Mit diesem Ausmalbuch möchten wir Sie auf eine fesselnde Reise rund um die Welt zu acht der erstaunlichsten und schönsten Urwälder unseres Planeten mitnehmen.

Die Entdeckungsreise führt Sie vom Daintree Rainforest in Queensland, Australien, nach Liberia in den Sapo-Nationalpark, bis zu den wolkenverhangenen Baumkronen voller Papageien in den Nebelwäldern Ecuadors. Über die märchenhafte Insel Yakushima in Japan geht es weiter durch die atemberaubenden Regenwälder El Salvadors und in das Gebiet des Amazonas in Brasilien. Von dort reisen Sie in den Norden und bestaunen die vereisten Kiefern Alaskas. Anschließend besuchen Sie die Affen auf Borneo, bevor Sie Ihre Reise inmitten des Monte Verde Nationalparks in Costa Rica beenden.

Wir hoffen, dass Sie diese illustrierte Reise durch die exotischen Urwälder unseres Planeten genießen und Sie beim Ausmalen viele Stunden voll Spaß und Entspannung verbringen. Lassen Sie Ihrer Kreativität freien Lauf und gestalten Sie die Seiten ganz persönlich mit den Farben Ihrer Wahl. Nichts wie ran an die Stifte und mit jeder Seite in eine neue aufregende Welt eintauchen.

Ihre Louise und Becky

GOOD WIVES AND WARRIORS 2015

N
W
E
S

DAINTREE
Australia

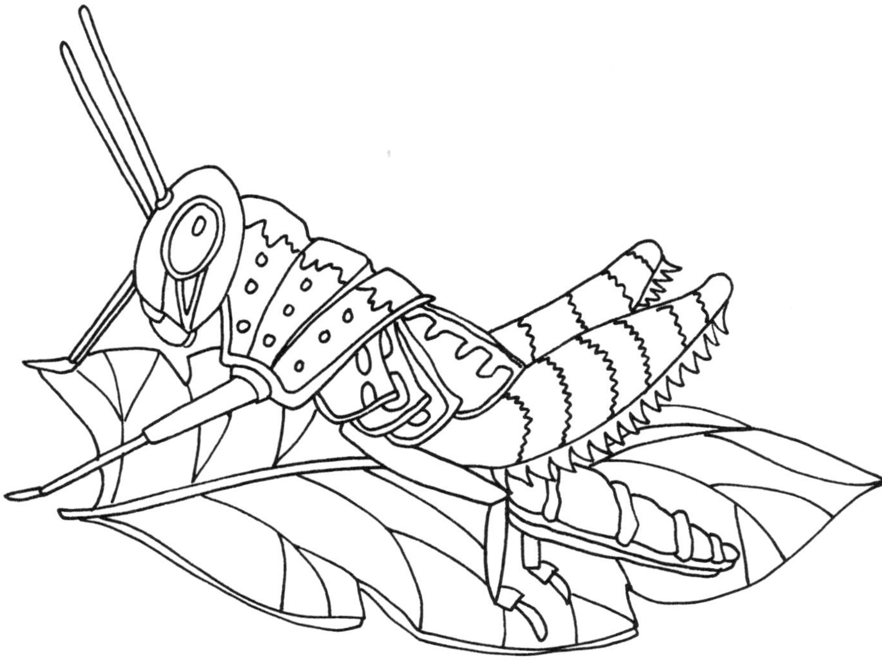

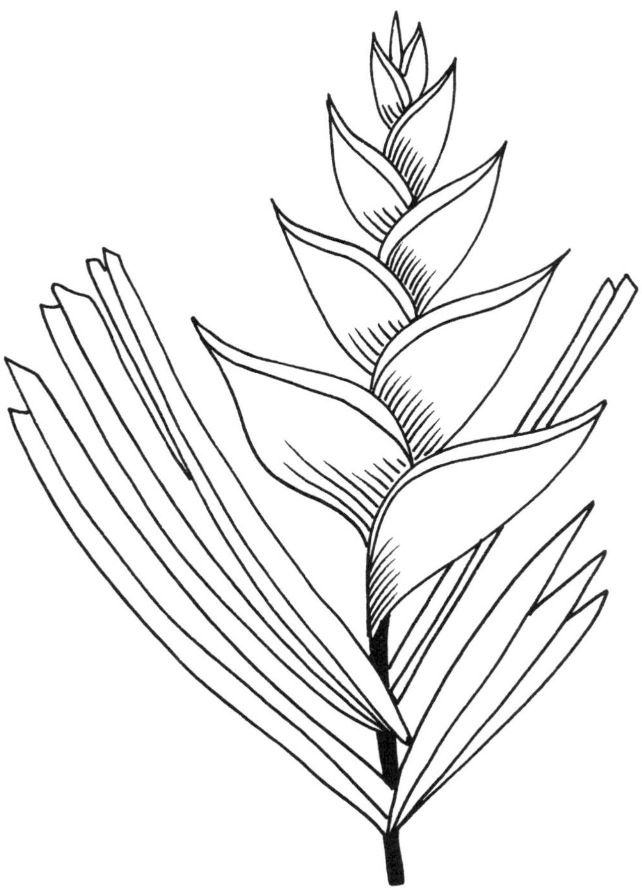
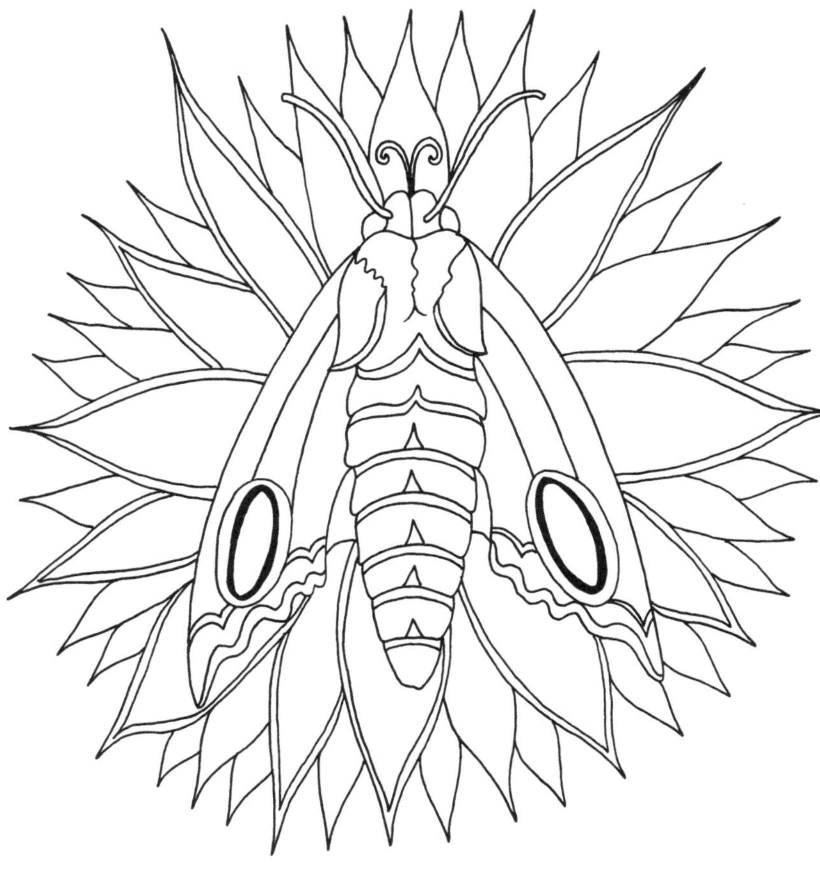

cloud forest

Yakushima
Japan

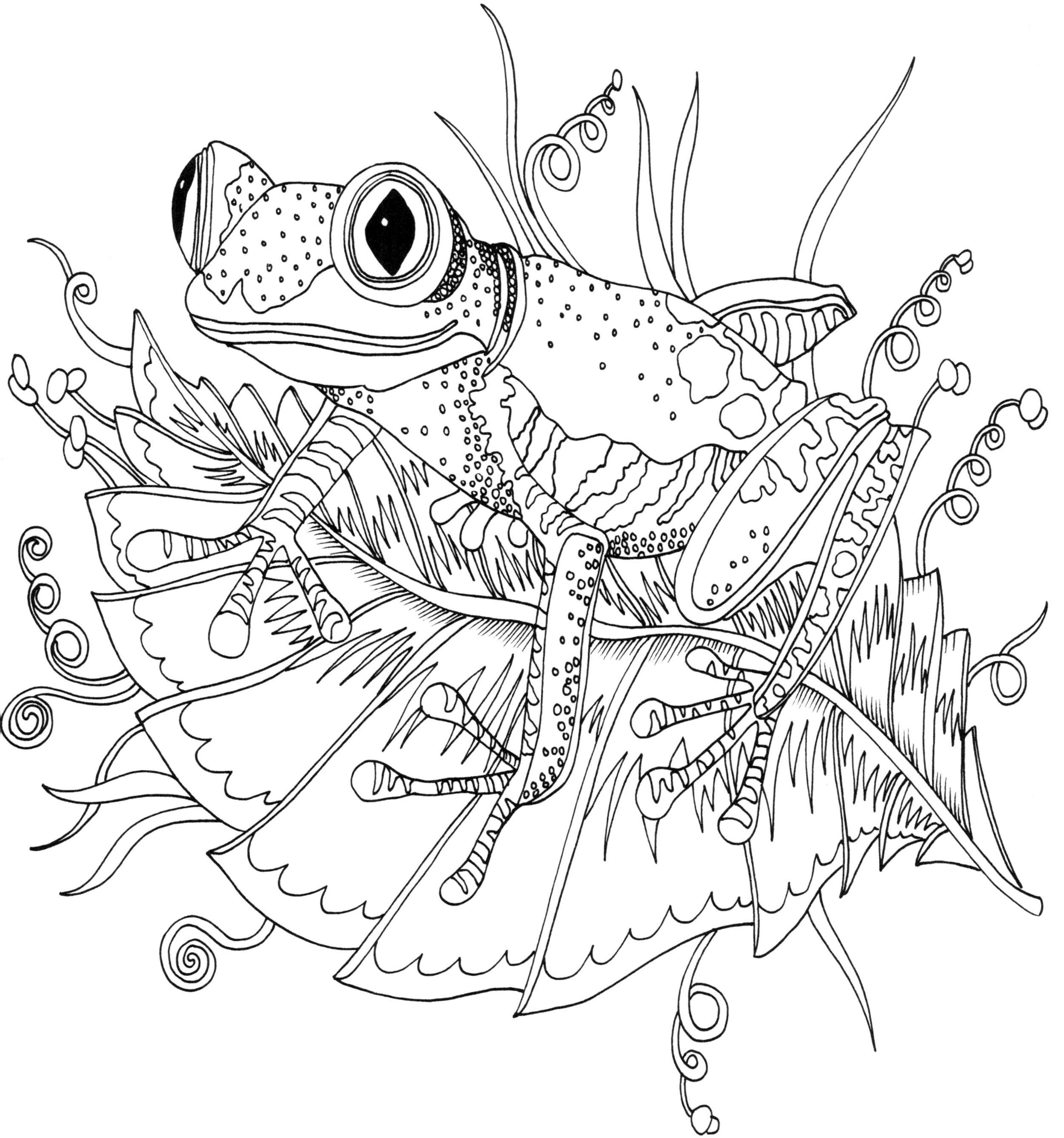

BORNEO MOUNTAIN

RAINFOREST

monte verde

Costa
Rica

IMPRESSUM

BILDNACHWEIS:
Alle Illustrationen stammen von Good Wives and Warriors;
Autorenportrait privat

Syndication:
www.jalag-syndication.de

www.facebook.com/gu.verlag

Die GU-Homepage finden Sie unter www.gu.de

GRÄFE UND UNZER

Ein Unternehmen der
GANSKE VERLAGSGRUPPE

Projektleitung:
Vanessa Lotz

Konzeption der Illustrationen:
Natascha Klebl

Bildredaktion:
Matias Kovacic

Umschlaggestaltung:
independent Medien-Design, Horst Moser, München

Herstellung:
Martina Koralewska

Satz:
Longo AG, Bozen

Reproduktion:
Longo AG, Bozen

Druck und Bindung:
Print Consult, München

ISBN 978-3-8338-5261-9

1. Auflage 2016

QUALITÄTS GU GARANTIE

DIE GU-QUALITÄTS-GARANTIE

Wir möchten Ihnen mit den Informationen und Anregungen in diesem Buch das Leben erleichtern und Sie inspirieren, Neues auszuprobieren. Alle Informationen werden von unseren Autoren gewissenhaft erstellt und von unseren Redakteuren sorgfältig ausgewählt und mehrfach geprüft. Deshalb bieten wir Ihnen eine 100%ige Qualitätsgarantie. Sollten wir mit diesem Buch Ihre Erwartungen nicht erfüllen, lassen Sie es uns bitte wissen! Wir tauschen Ihr Buch jederzeit gegen ein gleichwertiges zum gleichen oder ähnlichen Thema um.
Wir freuen uns auf Ihre Rückmeldung, auf Lob, Kritik und Anregungen, damit wir für Sie immer besser werden können.

GRÄFE UND UNZER Verlag
Leserservice
Postfach 86 03 13
81630 München
E-Mail:
leserservice@graefe-und-unzer.de

Telefon: 00800 / 72 37 33 33*
Telefax: 00800 / 50 12 05 44*
Mo–Do: 9.00 – 17.00 Uhr
Fr: 9.00 – 16.00 Uhr
(gebührenfrei in D, A, CH)*

Ihr GRÄFE UND UNZER Verlag
Der erste Ratgeberverlag – seit 1722.

HA